Die Schweiz von damals
1917–1937

Walter Mittelholzer 1894–1937

Walter M. Borner

DIE SCHWEIZ
von damals  1917–1937

350 historische Flugaufnahmen
von Walter Mittelholzer

Weltbild

Walter Borner, geboren 1933. Ehemaliger Pressesprecher der Swissair. Seine grosse Leidenschaft ist nicht nur die Aviatik, sondern auch Musik, Heimatkunde, Fotografie und ebensosehr Schiffe.

Walter Mittelholzer, Ende des letzten Jahrhunderts in St. Gallen geboren, verunglückte 1937 auf einer Bergtour in der Steiermark tödlich. Als ebenso begnadeter Fotograf wie Flieger gehörte er als Direktor zur Gründergeneration der Swissair.

Weitere 100.000 Luftaufnahmen von Städten und Dörfern sind im Bildarchiv der Stiftung Luftbild Schweiz erhältlich:

Luftbild Schweiz
Fliegermuseum
Ueberlandstrasse 255
8600 Dübendorf

www.luftbild.ch
info@luftbild.ch

Eine autorisierte Lizenzausgabe für den Weltbild Verlag , Olten 2005
© Stiftung Luftbild Schweiz, Sammlung «Photoswissair», 8600 Dübendorf

Umschlag und Gestaltung: Wolfram Fritz

Das Werk einschliesslich aller seiner Teile ist urheberrechtlich geschützt. Jede Verwendung ausserhalb des Urhebergesetzes ist ohne Zustimmung des Verlages und Luftbild Schweiz unzulässig und strafbar. Dies gilt insbesondere für Vervielfältigungen, Übersetzungen, Mikroverfilmungen und die Einspeicherung und Verarbeitung in elektronischen Systemen.

ISBN 3-03812-104-5

Besuchen Sie uns im Internet: *www.weltbild.ch*

2007   2006
Die letzte Jahreszahl gibt die aktuelle Lizenzausgabe an.

Inhaltsverzeichnis

7	Vorwort
8	Flugpionier und Flugfotograf
12/13	Zürich 1931
14	Zürich, Landidörfli 1939
	Zürich, Alpenquai 1929
15	Zürich-Enge 1922
	Zürich, Limmathäuser 1932
16/17	Zürich, Bellevue 1937
18	Zürich, Krematorium 1925
	Zürich, Fabriken im Hard vor 1920
19	Zürich, Schaffhauserplatz 1931
	Zürich, Hochschulquartier 1937
20	Zürich, Fokker über Höngg 1931
	Zürich, Escher-Wyss vor 1920
21	Zürich-Wipkingen 1920
22	Zürich, Zoo 1930
	Zürich-Schwamendingen vor 1920
23	Zürich-Oerlikon vor 1920
24/25	Brüttisellen, Wangen 1923
26	Dübendorf 1935
	Wallisellen 1925
27	Glattbrugg, Seebach 1925
	Kloten 1925
28	Brütten 1923
	Fällanden 1923
29	Hegnau 1921
30/31	Horgen vor 1920
32	Kilchberg, Böndlerstrasse vor 1920
33	Wädenswil 1931
	Thalwil 1931
34	Zollikon vor 1920
	Erlenbach vor 1920
35	Meilen vor 1920
	Männedorf vor 1920
36	Bülach 1932
37	Effretikon 1931
	Embrach 1923
38/39	Wetzikon 1930
40	Uster 1933
41	Hinwil 1928
	Pfäffikon 1920
42	Bauma 1933
	Wald vor 1920
43	Turbenthal 1921
44/45	Rheinau 1929
46	Seuzach 1923
	Hettlingen 1929
47	Andelfingen vor 1920
	Dorf 1948
48/49	Winterthur, Altstadt vor 1920
50	Winterthur, Rosenberg 1923
	Winterthur, Kantonsspital 1923
51	Winterthur, Töss 1932
52	Winterthur, Wülflingen 1923
53	Winterthur, Seen 1921
54	Winterthur, Rangierbahnhof, Breite 1925
	Winterthur, Veltheim 1923
55	Winterthur, Oberwinterthur 1936
56	Neuhausen vor 1920
57	Schaffhausen vor 1920
	Schaffhausen 1929
58/59	Rheinfall, Neuhausen vor 1920
60	Trasadingen vor 1920
	Hallau 1923
61	Stein am Rhein vor 1920
	Rüdlingen, Buchberg 1932
62/63	Frauenfeld 1924
64	Gachnang 1923
	Bottighofen 1924
65	Islikon 1923
	Bronschhofen 1923
66	Amriswil 1924
	Aadorf 1920
67	Weinfelden vor 1920
68/69	Pfyn 1928
70	Wigoltingen 1924
	Diessenhofen vor 1920
71	Mammern vor 1920
	Steckborn vor 1920
72/73	Romanshorn 1924
74	Kreuzlingen vor 1920
75	Arbon 1925
	Horn 1921
76/77	Appenzell 1926
78	Trogen 1923
	Gais 1923
79	Appenzell 1922
80	Wolfhalden, Heiden 1926
	Heiden 1922
81	Teufen 1923
	Speicher 1923
82	Rehetobel 1923
83	Hundwil 1923
84	Waldstatt 1923
	Schwellbrunn 1920
85	Herisau 1920
	Urnäsch 1922
86/87	St. Gallen vor 1920
88	St. Gallen, Bahnhof 1928
89	St. Gallen, Engelburg 1923
	St. Gallen, St. Georgen vor 1920
90	Uzwil 1920
90	Gossau 1926
91	Flawil 1921
	Degersheim 1928
92	Lichtensteig vor 1920
93	Bazenheid 1928
94	Wattwil vor 1920
95	Bütschwil 1920
	Ebnat-Kappel vor 1920
96	Alt St. Johann 1923
97	Wildhaus vor 1920
98	Altenrhein, Strandbad 1928
	Rorschach 1928
99	St. Margrethen 1924
	Buchs 1922
100	Sargans 1933
101	Walenstadt 1933
	Flums vor 1920
102	Murg 1923
	Weesen vor 1920
103	Amden vor 1920
104/105	Rapperswil 1923
106	Niederurnen 1924
107	Mühlehorn vor 1920
	Ziegelbrücke vor 1920
108	Linthal 1923
	Elm 1923
109	Glarus 1925
	Ennenda 1924
110	Flüelen 1923
111	Altdorf 1922
112	Schwyz 1920
113	Brunnen vor 1920
114	Einsiedeln 1934
115	Hurden, Seedamm 1929
116	Freienbach vor 1920
	Siebnen 1924
117	Lachen vor 1920
118	Arth vor 1920
	Gersau vor 1920
119	Rigi-Kulm vor 1920
120/121	Zug vor 1920
122	Cham vor 1920
	Baar 1930
123	Oberägeri 1923
124	Sachseln vor 1920
	Kerns vor 1920
125	Sarnen vor 1920
126	Pilatus-Kulm 1925
127	Engelberg vor 1920
128	Buochs 1925
129	Stansstad vor 1920
	Stans 1923
130/131	Luzern vor 1920

5

132 Luzern, Lido 1931	180 Lengnau 1925	229 Vallorbe 1931
Luzern vor 1920	Veltheim 1923	230/231 St-Saphorin 1925
133 Vitznau vor 1920	181 Suhr 1922	232 Montreux vor 1920
Weggis vor 1920	Kölliken 1922	Vevey, La Tour-de-Peilz 1925
134 Aesch LU 1927	182 Beinwil 1921	233 Lutry vor 1920
135 Sursee vor 1920	Wohlen 1934	Cully 1925
136 Hochdorf vor 1920	183 Bremgarten 1922	234/235 Lausanne vor 1920
Reussbühl, Emmenbrücke 1924	184 Auw 1934	236 Ouchy vor 1920
137 Beromünster 1923	185 Muri 1923	Nyon vor 1920
Willisau 1922	Arni 1923	237 Rolle 1931
138 Malters 1922	186 Zofingen vor 1920	Morges vor 1920
Wolhusen 1922	187 Aarburg 1924	238/239 Genf vor 1920
139 Entlebuch 1922	188/189 Baden vor 1920	240 Genf 1925
140 Marbach 1925	190 Brugg vor 1920	Genf 1928
141 Schüpfheim 1922	Windisch 1937	241 Genf vor 1920
Escholzmatt 1922	191 Wettingen vor 1920	242 Genf, Eaux-Vives vor 1920
142 Langnau 1926	Spreitenbach 1923	Versoix 1925
Wasen 1922	192 Laufenburg 1925	243 Genf-Cointrin 1924
143 Lützelflüh 1922	193 Zurzach 1925	244 Lens 1925
Kirchberg vor 1920	194 Turgi 1924	Martigny 1925
144/145 Bern 1929	Kaiserstuhl 1925	245 Siders 1925
146 Bern, Kaserne 1923	195 Frick 1925	246/247 Sitten 1925
147 Bern, Kasernenquartier vor 1920	Koblenz 1925	248 Leuk 1925
Bern, Kirchenfeld vor 1920	196/197 Basel vor 1920	Montana-Vermala 1926
148 Interlaken 1925	198 Basel, chemische Industrie 1932	249 Visp 1925
149 Thun vor 1920	Basel, Industrie 1932	Brig 1925
150 Oberdiessbach 1925	199 Basel, Rheinhafen 1933	250/251 Ascona 1929
Steffisburg 1922	200 Kleinbasel 1924	252 Brissago 1929
151 Spiez vor 1920	201 Basel 1931	Locarno vor 1920
152/153 Niesen-Kulm vor 1920	Basel, Barfüsserplatz 1932	253 Flugzeug über Locarno vor 1920
154 Laupen 1925	202 Münchenstein vor 1920	254 Morcote 1929
Köniz 1922	Augst 1925	255 Gandria vor 1920
155 Schwarzenburg 1925	203 Pratteln vor 1920	256/257 Lugano vor 1920
Worb 1924	204 Muttenz 1925	258 Lugano vor 1920
156 Langenthal vor 1920	Arlesheim 1922	Castagnola vor 1920
Herzogenbuchsee 1925	205 Frenkendorf 1925	259 Ponte Tresa vor 1920
157 Burgdorf vor 1920	Lausen 1923	Melide vor 1920
158/159 Heuet im Aaretal 1931	206/207 Gelterkinden 1923	260 Bellinzona vor 1920
160 Aarelauf, Worblaufen,	208 Sissach 1923	261 Biasca 1930
Felsenau 1926	Liestal 1922	Faido 1930
Büren 1925	209 Binningen 1925	262/263 Oberengadin 1933
161 Wiedlisbach 1925	Aesch an der Birs 1922	264 Pontresina vor 1920
Laufen 1922	210/211 Delsberg vor 1920	265 Celerina vor 1920
162 St-Imier 1925	212/213 La Chaux-de-Fonds 1925	266/267 St. Moritz vor 1920
Cortébert 1925	214 Neuenburg vor 1920	268 Bevers 1925
163 Moutier 1931	215 Neuenburg 1925	Zernez 1925
Tramelan 1931	216/217 Le Locle 1925	269 Samedan 1933
164 Biel, Bözingen 1925	218 Couvet vor 1920	Poschiavo 1925
Biel, Strandbad 1933	Fleurier vor 1920	270/271 Chur 1923
165 Biel vor 1920	219 St-Aubin vor 1920	272 Fideris 1923
166/167 Solothurn 1922	Colombier vor 1920	273 Klosters 1923
168 Grenchen vor 1920	220/221 Freiburg vor 1920	Davos Platz 1923
169 Derendingen 1922	222 Murten vor 1920	274/275 Arosa 1926
Bettlach 1925	Kerzers vor 1920	276 Ilanz 1923
170 Büsserach 1925	223 Villeneuve 1925	Ems 1925
Nieder-Erlinsbach 1925	Estavayer-le-Lac vor 1920	277 Disentis 1923
171 Fulenbach 1923	224 La Tour-de-Trême 1925	278 Maienfeld 1923
Kestenholz 1925	Châtel-St-Denis 1925	Landquart 1923
172/173 Olten vor 1920	225 Romont 1926	
174 Balsthal 1937	Bulle 1925	279 Index
Oensingen 1924	226 Avenches vor 1920	
175 Dulliken 1924	Moudon 1925	
Schönenwerd vor 1920	227 Payerne vor 1920	
176/177 Aarau vor 1920	Yverdon 1931	
178 Aarau vor 1920	228 Grandson vor 1920	
Aarau vor 1920	Ste-Croix 1931	
179 Lenzburg 1922	229 Orbe vor 1920	

Vorwort

Wozu brauchen wir in unserer schnellebigen Zeit einen Flugfotoband aus der Zeit zwischen den beiden Weltkriegen? Und dazu noch von Walter Mittelholzer, einem Schweizer Piloten, der der heutigen Generation kaum noch bekannt ist. Diese Frage mögen Sie sich als Leser und Beschauer stellen; sie ist aber unberechtigt, hat doch Walter Mittelholzer, der begabte Pilot und Luftfotograf, die Leistungen der schweizerischen Fliegerei mit einer Dichte und Ausstrahlung über die ganze Welt verbreitet, wie man es heute, trotz Fernsehen und elektronischen Medien, kaum besser machen könnte.

Dazu eine kleine Reminiszenz! Als die Swissair im Frühjahr 1968, begleitet von einer offiziellen Delegation mit Nationalrat Walter Bringolf, in Nairobi landete und damit ihre Strahlverkehrsroute nach Südafrika eröffnete, war abends auch ein Besuch beim Staatspräsidenten Jomo Kenyatta vorgesehen. Als Delegationsleiter der Swissair hatte ich die Aufgabe, dem Staatschef ein Geschenk aus der Schweiz zu überbringen. Ich benützte die Gelegenheit, in meiner Ansprache auf die Expeditionsflüge unseres Flugpioniers Walter Mittelholzer nach Afrika hinzuweisen. Jomo Kenyatta schüttelte mir freudig die Hand und sagte: «An die Landung dieses ersten schweizerischen Wasserflugzeuges auf dem Viktoriasee erinnere ich mich sehr wohl, es war das erste Flugzeug, das ich überhaupt in meinem Leben gesehen habe.»

Es ist das Verdienst von Walter Borner, vor bald 20 Jahren die Initiative zur Herausgabe dieses Bildbandes ergriffen zu haben. Knapp 30 Jahre hat er die Geschicke der Swissair als Mitarbeiter im Finanzdepartement und nachher im Pressedienst in der Schweiz wie auch in New York mit viel Hingabe mitverfolgt und mitgestaltet. Ich wünsche dem Werk viel Erfolg und hoffe, dass dieser Fotoband einem breiten Publikum die unmittelbare Vergangenheit näher bringen kann.

Armin Baltensweiler
Ehem. Präsident des Verwaltungsrates der Swissair

Flugpionier und Flugfotograf

Walter Mittelholzer (links) mit A. Fokker und Fritz von Opel

Walter Mittelholzer wurde gegen Ende des letzten Jahrhunderts als Sohn einer Bäckersfamilie in St. Gallen geboren. Nach der Sekundärschule machte er eine Lehre als Fotograf und rückte anschliessend in die Rekrutenschule ein. Der Erste Weltkrieg war eben ausgebrochen, als sich Soldat Mittelholzer, eingeteilt in der Gebirgsbrigade 18, bei der neu aufgestellten Fliegertruppe in Dübendorf meldete. Sein erster Diensttag fiel mit dem Tag des ersten Absturzes eines schweizerischen Militärflugzeuges zusammen, doch Mittelholzer liess sich dadurch nicht von seinem Ziel abbringen. Vorbildern wie Vasco da Gama, Fritjof Nansen und Sven Hedin wollte er nacheifern, in die für ihn damals unendlichen Weiten der Lüfte eindringen, Flieger werden. Die Wirklichkeit in Dübendorf sah aber leicht anders aus. Wachestehen, Karettenschieben und Rasenziegelegen war der Alltag, nur im abendlichen Ausgang zog es ihn mit seinem Fahrrad anstatt ins nächste Wirtshaus auf die umliegenden Höhen, von wo aus er mit Karte und Kompass nicht nur die nähere Umgebung des Greifensees, sondern ebenso die fernen Berge der Alpen kennenlernte.

Sein erster Flug – am Steuer des französischen Farman-Doppeldeckers sass Henri Pillichody – führte von Dübendorf nach Kloten. Mittelholzers Aufgabe war, Batteriestellungen am Holberg aus 1000 m Höhe zu fotografieren. Die Aufnahmen, die er mit seiner eigenen Kamera machte – deren Lederbalgen hatte er vor dem Luftdruck des Propellers mit einer Holzverschalung geschützt – gerieten trotz des schwachen Morgenlichts gut. Aber das wusste Mittelholzer erst, nachdem er zusammen mit seinem Piloten auf dem Landweg nach Dübendorf zurückgekehrt war. Der Farman stand nach der wegen einer Motorpanne erfolgten Notlandung noch immer in Kloten. Ein Jahr später rückte Mittelholzer als Unteroffizier und Leiter der fotografischen Abteilung wieder in Dübendorf ein. Verschiedene kleinere Flüge über Zürich und seiner näheren Umgebung weckten in ihm den Wunsch nach grösseren Alpenflügen. Der damalige Kommandant der Fliegertruppe, Hauptmann Real, erfüllte seine Bitte und sandte ihn mit dem Adjutanten Quendet zu seinem ersten Alpenflug, der allerdings wegen einer Motorenpanne vorzeitig abgebrochen werden musste. Der zweite Versuch gelang, Mittelholzer brachte die ersten guten Aufnahmen aus dem Hochgebirge, und nun folgte Flug auf Flug. So entstand langsam die wundervolle Sammlung von Luftaufnahmen aus fast allen Gebieten der Schweiz, die heute noch, nach über 70 Jahren, ungeteilte Bewunderung erweckt. Das Fotografieren aus den damaligen, mit vielen Drahtseilen bespannten Flugzeugen war bei der schlechten Sicht jedesmal eine grosse Kraftanstrengung. Aber wenn sich dann beim roten Dunkelkammerlicht die Umrisse des eben Geschauten allmählich herauskristallisierten, wer dachte da noch an die überstandenen Strapazen.

Doch Mittelholzer war noch nicht zufrieden. Fliegen wollte er lernen, selber am Steuer sitzen. Obschon ursprünglich nur für den Beobachterdienst ausgewählt, konnte er gegen Ende des Krieges in die Pilotenschule einrücken. Sein Lehrmeister war Alfred Comte, mit dem er später in Zürich die Comte-Mittelholzer-Fluggesellschaft gründete. Wie Mittelholzer selber schreibt, kam er mit dem Flugzeug in der Luft recht gut zurecht, aber die Landungen bereiteten ihm lange Schwierigkeiten. Vergessen wir auch das nach seinem ersten allein durchgeführten Flug verbogene Fahrgestell ...

Als der Erste Weltkrieg zu Ende war, galt es auch für Walter Mittelholzer, sich ins Zivilleben zurückzufinden. Die zusammen mit seinem Dienstkameraden Comte gegründete Fluggesellschaft schloss sich bereits nach kurzer Zeit mit der kapitalkräftigeren Ad Astra Aero zusammen, wo Mittelholzer die Stelle des Direktors und Chefpiloten übernahm. Hier lernte er auch mit dem Wasserflugzeug umzugehen, was ihm dann vor allem bei seinem Afrikaflug zustatten kam. Doch vorher reiste er noch im Auftrag der Junkerswerke nach Berlin, um von dort aus auf den neu eingerichteten Luftlinien nach Danzig und Riga weiterzufliegen. Beim Zwischenhalt in der deutschen Hauptstadt wurde er angefragt, ob er an Verproviantierungsflügen für die Nordpolexpedition von Amundsen teilnehmen könnte. Mittelholzer sagte zu und reiste nach Norwegen, von wo aus mit Hilfe eines Dampfers und einer siebenplätzigen Junkers F13 von Spitzbergen her nordwärts Proviantdepots angelegt werden sollten. Dieses Vorhaben musste wegen einer Beschädigung von Amundsens Flugzeug aufgegeben werden. Stattdessen entschloss man sich, Fotoflüge über den 80. Breitengrad hinaus durchzuführen, um einerseits die klimatischen Verhältnisse für arktische Flüge zu studieren und andrerseits ungenaues Kartenmaterial zu korrigieren. Die Ausbeute war für damalige Verhältnisse sensationell.

Bereits ein Jahr später, im Winter 1924/25, flog Mittelholzer im Auftrag der persischen Regierung nach Teheran. Einen Monat nach seinem Start vom Zürichhorn aus erreichte er nach vielen Zwischen- und zwei Notlandungen sein Ziel. Das Flugzeug blieb dort, Mittelholzer kehrte zusammen mit seinem Mechaniker auf Kamelen, Schiffen und der Eisenbahn nach Zürich zurück. Zwei Jahre darauf flog er mit seiner Dornier Merkur nach Südafrika, bei einer der folgenden Afrikareisen überflog er als erster den fast 6000 m hohen Kilimandscharo.

Im März 1931 fusionierte die Ad Astra mit der damaligen Balair, deren Direktor Balz Zimmermann war. Die neue Gesellschaft erhielt den Namen Swissair, Mittelholzer wurde technischer, Zimmermann kaufmännischer Direktor. Sein 1933 nach Addis Abeba durchgeführter Flug – Kaiser Haile

Flugfotograf

Militärpilot

Selassie wollte sich eine von ihm gekaufte Fokker-Maschine durch Mittelholzer persönlich überbringen lassen – war sein letzter grosser Fernflug auf unbekannten Routen. Anfangs Mai 1937 verunglückte Walter Mittelholzer auf einer Bergtour tödlich. In den zwanzig Jahren seiner fliegerischen Tätigkeit schuf er auf rund 9000 Flügen ein Werk, das der Schweiz Weltruhm einbrachte. Seine Bücher erreichten ungeahnte Auflagenhöhen, seine Fotos, vor allem diejenigen unserer Städte und Dörfer, haben heute einen grossen historischen Wert.

Von den seinerzeit erschienenen Mittelholzer-Bänden mit Bildern über die Schweiz habe ich zwei vor mir liegen. Einer davon aus dem Jahre 1924 gehört unserem Dorfschullehrer, den andern aus der Zeit anfangs der Dreissigerjahre konnte ich kürzlich kaufen. Beide sind längst vergriffen. Fliegen war damals noch ein grosses Erlebnis, war im Gegensatz zu heute einer kleinen Schicht Privilegierter vorbehalten. Einige Stellen aus einem dieser Bücher mit den Eindrücken eines Passagiers machen dies deutlich. «Zitternd und bebend erfüllen die drei Motoren unseres grossen Fokkers CH 190 die Halle mit stürmischem Getöse. ‹Maschine heraus›, befiehlt der Flugzeugführer. Auf dem Zementbelag lassen die drei Cheetah vor den Bremsklötzen von neuem ihr brüllendes Lied ertönen. Die Propeller surren ... Hüte und Mützen fliegen in heller Flucht vor dem gewaltigen Luftzug davon. Der Führer gibt ein Zeichen, die Bremsklötze verschwinden, und jetzt steigen wir hinauf in die Bläue des klaren Junimorgens. Rund um die Schweiz – das Beste wird sein, hatte einer der Organisatoren dieser Luftreise tiefsinnig erklärt, wir fangen an einem Ende an. Dieses Ende ist hier der Flughafen Genf-Cointrin, von dem unsere Maschine fast unbemerkt abgehoben hat. Schon sind wir auf 200 m Höhe. Die riesige Flugzeughalle sieht aus wie eine Nürnberger Spielzeugschachtel.» Soweit der Bericht dieses Passagiers, und die damals riesige Flugzeughalle ist auch im Teil Westschweiz unseres neuen Bandes abgebildet. Seither hat sich einiges verändert, nicht nur in der Aviatik, auch in der Besiedelung der Schweiz.

Für das vorliegende Buch wurden mit zwei Ausnahmen alles Fotografien von Walter Mittelholzer verwendet. Die eine ist ein Bild des Landidörflis aus dem Jahre 1939, die andere mein Wohnort Dorf im Zürcher Weinland, aufgenommen 1948. In beiden Fällen brachte ich es nicht übers Herz, auf das Bild zu verzichten. Die Landi gehört zur Zwischenkriegszeit wie der Apfel zum Baum. Und damit muss ich ein paar Worte über die Bildauswahl verlieren. Obschon ich mich bemüht habe, die ganze Schweiz abzudecken, weist das Buch doch einige Lücken auf. Vom Berner Oberland, vom Oberwallis und auch von den Juradörfern fand ich keine Aufnahmen. Walter Mittelholzer war ein grosser Bergfreund, und wenn immer er in die Alpen flog, richtete er seine Kamera auf schneebedeckte Spitzen wie das Finsteraarhorn, die Jungfrau oder das Matterhorn. Noch ein weiterer Hinweis ist hier anzubringen. Die Aufnahmedaten sind mit etwas Vorsicht zu geniessen, da sie zumeist fehlen und nur aufgrund des Nummernsystems der Negative einigermassen eruiert werden

Afrikaflug 1933

konnten. Aber auf ein oder zwei Jahre Unterschied kommt es heute kaum mehr an. Bei den Namen der Ortschaften habe ich mich auf die Angaben Mittelholzers gestützt, ich hoffe, dass ihm dabei keine Fehler unterlaufen sind. Zum Schluss möchte ich noch der Swissair und im speziellen der Swissair-Photo AG für die grosse Hilfe danken. Die Negative – genauer gesagt, die Glasplatten im Format 13 x 18 cm – sind heute alle im Besitz der Luftbild Schweiz, die gerne bereit ist, davon und auch von den unzähligen weiteren Aufnahmen Vergrösserungen herzustellen.

Frühling 2005, Walter Borner

◁ Zürich 1931 Zürich, Landidörfli 1939

Zürich, Alpenquai 1929

Zürich-Enge 1922

Zürich, Limmathäuser 1932

Zürich, Bellevue 1937

Zürich, Krematorium 1925

Zürich, Fabriken im Hard vor 1920

Zürich, Schaffhauserplatz 1931

Zürich, Hochschulquartier 1937

Zürich, Fokker über Höngg 1931

Zürich, Escher-Wyss vor 1920

Zürich-Wipkingen 1920

Zürich, Zoo 1930

Zürich-Schwamendingen vor 1920

Brüttisellen, Wangen 1923 ▷

Zürich-Oerlikon vor 1920

Dübendorf 1935

Wallisellen 1925

Glattbrugg, Seebach 1925

Kloten 1925

Brütten 1923

Fällanden 1923

Horgen vor 1920 ▷

Hegnau 1921

29

Kilchberg, Böndlerstrasse vor 1920

Wädenswil 1931

Thalwil 1931

Zollikon vor 1920

Erlenbach vor 1920

Meilen vor 1920

Männedorf vor 1920

Bülach 1932

Effretikon 1931   Wetzikon 1930 ▷

Embrach 1923

Uster 1933

Hinwil 1928

Pfäffikon 1920

Bauma 1933

Wald vor 1920

Rheinau 1929 ▷

Turbenthal 1921

Seuzach 1923

Hettlingen 1929

Andelfingen vor 1920　　　　　　　　　　　　　　　　Winterthur, Altstadt vor 1920 ▷

Dorf 1948

47

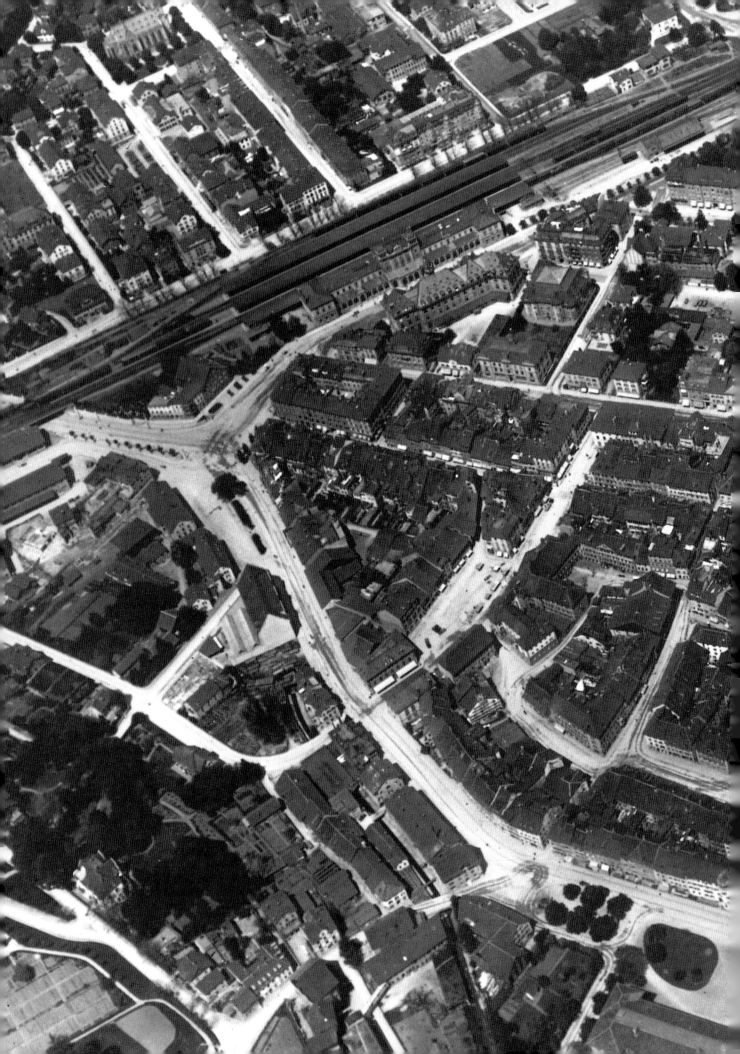

Winterthur, Rosenberg 1923

Winterthur, Kantonsspital 1923

Winterthur, Töss 1932

Winterthur, Wülflingen 1923

Winterthur, Seen 1921

Winterthur, Rangierbahnhof, Breite 1925

Winterthur, Veltheim 1923

Winterthur, Oberwinterthur 1936

Neuhausen vor 1920

Schaffhausen vor 1920

Rheinfall, Neuhausen vor 1920 ▷

Schaffhausen 1929

Trasadingen vor 1920

Hallau 1923

Stein am Rhein vor 1920

Rüdlingen, Buchberg 1932

Frauenfeld 1924

Gachnang 1923

Bottighofen 1924

Islikon 1923

Bronschhofen 1923

Amriswil 1924

Aadorf 1920

Pfyn 1928 ▷

Weinfelden vor 1920

Wigoltingen 1924

Diessenhofen vor 1920

Mammern vor 1920 Romanshorn 1924 ▷

Steckborn vor 1920

Kreuzlingen vor 1920

Arbon 1925 Appenzell 1926 ▷

Horn 1921

Trogen 1923

Gais 1923

Appenzell 1922

Wolfhalden, Heiden 1926

Heiden 1922

Teufen 1923

Speicher 1923

Rehetobel 1923

Hundwil 1923

Waldstatt 1923

Schwellbrunn 1920

Herisau 1920   St. Gallen vor 1920 ▷

Urnäsch 1922

85

St. Gallen, Bahnhof 1928

St. Gallen, Engelburg 1923

St. Gallen, St. Georgen vor 1920

Uzwil 1920

Gossau 1926

Flawil 1921

Degersheim 1928

Lichtensteig vor 1920

Bazenheid 1928

Wattwil vor 1920

Bütschwil 1920

Ebnat-Kappel vor 1920

Alt St. Johann 1923

Wildhaus vor 1920

Altenrhein, Strandbad 1928

Rorschach 1928

St. Margrethen 1924

Buchs 1922

99

Sargans 1933

Walenstadt 1933

Flums vor 1920

Murg 1923

Weesen vor 1920

Amden vor 1920

Rapperswil 1923

Niederurnen 1924

Mühlehorn vor 1920

Ziegelbrücke vor 1920

Linthal 1923

Elm 1923

Glarus 1925

Ennenda 1924

Flüelen 1923

Altdorf 1922

Schwyz 1920

Brunnen vor 1920

Einsiedeln 1934

Hurden, Seedamm 1929

Freienbach vor 1920

Siebnen 1924

Lachen vor 1920

Arth vor 1920

Gersau vor 1920

Zug vor 1920 ▷

Rigi-Kulm vor 1920

Cham vor 1920

Baar 1930

Oberägeri 1923

Sachseln vor 1920

Kerns vor 1920

Sarnen vor 1920

Pilatus-Kulm 1925

Engelberg vor 1920

Buochs 1925

Stansstad vor 1920 Luzern vor 1920 ▷

Stans 1923

129

Luzern, Lido 1931

Luzern vor 1920

132

Vitznau vor 1920

Weggis vor 1920

Aesch LU 1927

Sursee vor 1920

Hochdorf vor 1920

Reussbühl, Emmenbrücke 1924

Beromünster 1923

Willisau 1922

Malters 1922

Wolhusen 1922

Entlebuch 1922

Marbach 1925

Schüpfheim 1922

Escholzmatt 1922

Langnau 1926

Wasen 1922

Lützelflüh 1922 Bern 1929 ▷

Kirchberg vor 1920

Bern, Kaserne 1923

Bern, Kasernenquartier vor 1920

Bern, Kirchenfeld vor 1920

Interlaken 1925

Thun vor 1920

Oberdiessbach 1925

Steffisburg 1922

Spiez vor 1920

Niesen-Kulm vor 1920

Laupen 1925

Köniz 1922

Schwarzenburg 1925

Worb 1924

Langenthal vor 1920

Herzogenbuchsee 1925

Burgdorf vor 1920

Heuet im Aaretal 1931

Aarelauf, Worblaufen, Felsenau 1926

Büren 1925

Wiedlisbach 1925

Laufen 1922

St-Imier 1925

Cortébert 1925

Moutier 1931

Tramelan 1931

Biel, Bözingen 1925

Biel, Strandbad 1933

Solothurn 1922 ▷

Biel vor 1920

165

Grenchen vor 1920

Derendingen 1922

Bettlach 1925

Büsserach 1925

Nieder-Erlinsbach 1925

Fulenbach 1923   Olten vor 1920 ▷

Kestenholz 1925

Balsthal 1937

Oensingen 1924

Dulliken 1924

Aarau vor 1920 ▷

Schönenwerd vor 1920

175

Aarau vor 1920

Aarau vor 1920

Lenzburg 1922

Lengnau 1925

Veltheim 1923

Suhr 1922

Kölliken 1922

Beinwil 1921

Wohlen 1934

Bremgarten 1922

Auw 1934

Muri 1923

Arni 1923

Zofingen vor 1920

Baden vor 1920 ▷

Aarburg 1924

Brugg vor 1920

Windisch 1937

Wettingen vor 1920

Spreitenbach 1923

Laufenburg 1925

Zurzach 1925

Turgi 1924

Kaiserstuhl 1925

Frick 1925 Basel vor 1920 ▷

Koblenz 1925

Basel, chemische Industrie 1932

Basel, Industrie 1932

Basel, Rheinhafen 1933

Kleinbasel 1924

Basel 1931

Basel, Barfüsserplatz 1932

Münchenstein vor 1920

Augst 1925

Pratteln vor 1920

Muttenz 1925

Arlesheim 1922

Frenkendorf 1925   Gelterkinden 1923 ▷

Lausen 1923

205

Sissach 1923

Liestal 1922

Binningen 1925   Delsberg vor 1920 ▷

Aesch an der Birs 1922

209

◁ La Chaux-de-Fonds 1925

Neuenburg vor 1920

Neuenburg 1925

Le Locle 1925

Couvet vor 1920

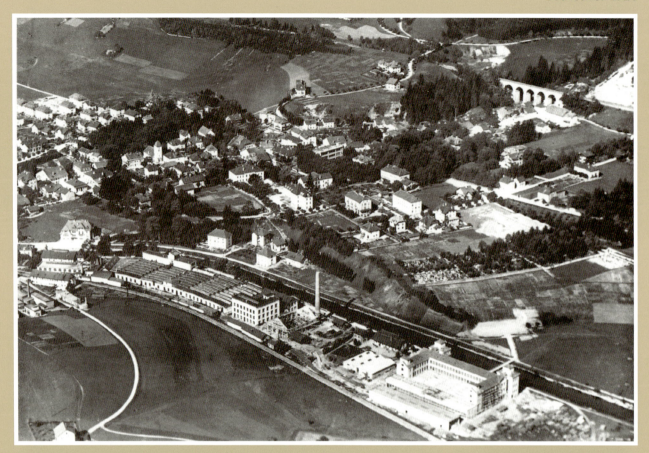

Fleurier vor 1920

St-Aubin vor 1920 Freiburg vor 1920 ▷

Colombier vor 1920

Murten vor 1920

Kerzers vor 1920

Villeneuve 1925

Estavayer-le-Lac vor 1920

La Tour-de-Trême 1925

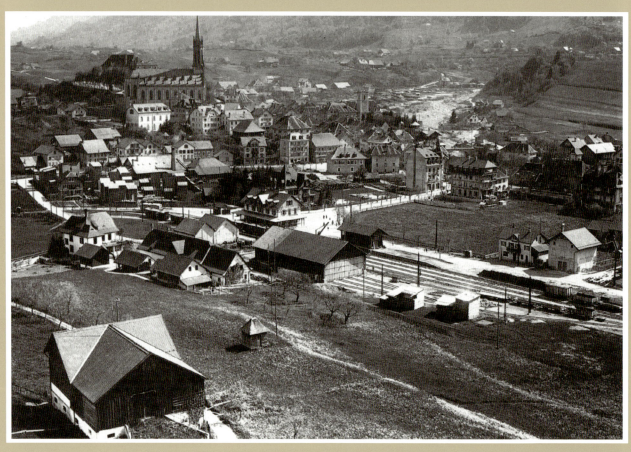

Châtel-St-Denis 1925

Romont 1926

Bulle 1925

Avenches vor 1920

Moudon 1925

Payerne vor 1920

Yverdon 1931

Grandson vor 1920

Ste-Croix 1931

Orbe vor 1920

Vallorbe 1931

St-Saphorin 1925

Montreux vor 1920

Vevey, La Tour-de-Peilz 1925

Lutry vor 1920　　　　　　　　　　　　　　　　　　　　　　　　　　　　Lausanne vor 1920

Cully 1925

Ouchy vor 1920

Nyon vor 1920

Rolle 1931   Genf vor 1920 ▷

Morges vor 1920

237

Genf 1925

Genf 1928

Genf vor 1920

Genf, Eaux-Vives vor 1920

Versoix 1925

Genf-Cointrin 1924

Lens 1925

Martigny 1925

Sitten 1925 ▷

Siders 1925

Leuk 1925

Montana-Vermala 1926

Visp 1925   Ascona 1929 ▷

Brig 1925

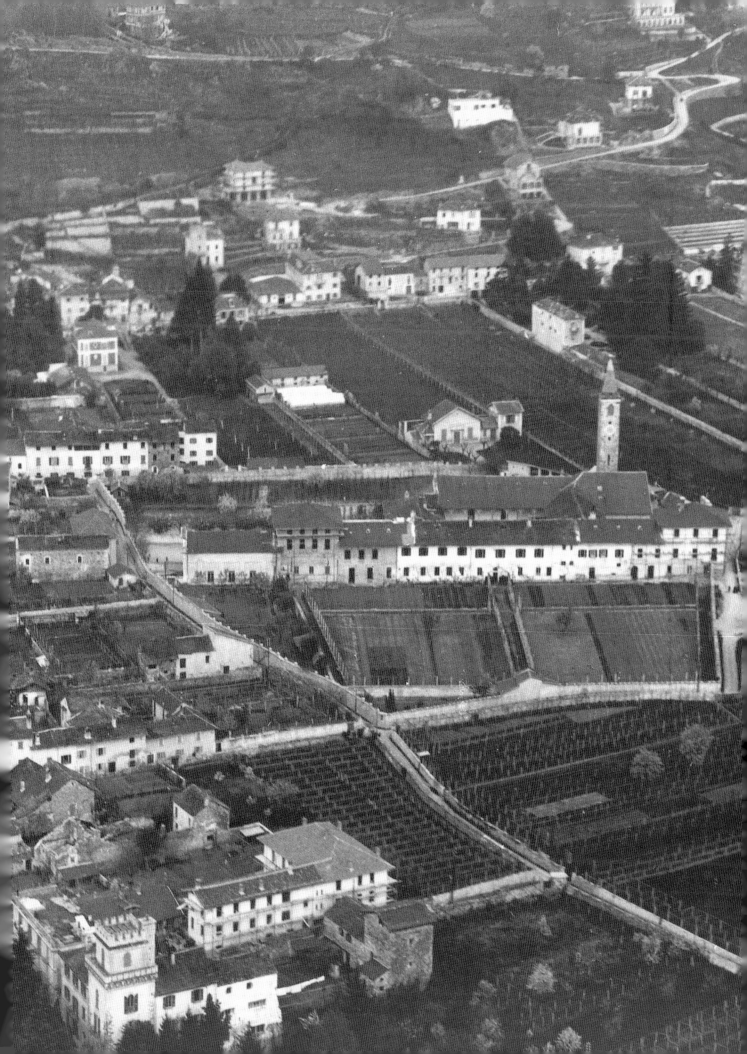

Brissago 1929

Locarno vor 1920

Flugzeug über Locarno vor 1920

Morcote 1929

Lugano vor 1920 ▷

Gandria vor 1920

Lugano vor 1920

Castagnola vor 1920

Ponte Tresa vor 1920

Melide vor 1920

Bellinzona vor 1920

Biasca 1930   Oberengadin 1933 ▷

Faido 1930

261

Pontresina vor 1920

St. Moritz vor 1920 ▷

Celerina vor 1920

Bevers 1925

Zernez 1925

Samedan 1933   Chur 1923 ▷

Poschiavo 1925

Fideris 1923

Klosters 1923　　　　　　　　　　　　　　　　　　　　　　Arosa 1926 ▷

Davos Platz 1923

Ilanz 1923

Ems 1925

Disentis 1923

Maienfeld 1923

Landquart 1923

Index

Die in Klammern angegebenen Nummern dienen der Identifikation des Bildes im Archiv der Swissair-Photo AG in Zürich, bei welcher Vergrösserungen dieser und weiterer historischer Flugaufnahmen bestellt werden können.

66 **A**adorf 1920 (2608)
176/177 Aarau vor 1920 (0440)
178 Aarau vor 1920 (2194)
178 Aarau vor 1920 (0507)
187 Aarburg 1924 (4211)
160 Aarelauf, Worblaufen, Felsenau 1926 (5125)
209 Aesch a.d. Birs 1922 (3854)
134 Aesch LU 1927 (5554)
96 Alt St. Johann 1923 (3657)
111 Altdorf 1922 (2947)
98 Altenrhein, Strandbad 1928 (5914)
103 Amden vor 1920 (2302)
66 Amriswil 1924 (4106)
47 Andelfingen vor 1920 (0941)
76/77 Appenzell 1926 (5447)
79 Appenzell 1922 (2804)
75 Arbon 1925 (4642)
204 Arlesheim 1922 (2852)
185 Arni 1923 (3605)
274/275 Arosa 1926 (5365)
118 Arth vor 1920 (1784)
250/251 Ascona 1929 (5978)
202 Augst 1925 (4368)
184 Auw 1934 (8165)
226 Avenches vor 1920 (2176)
122 **B**aar 1930 (6106)
188/189 Baden vor 1920 (0985)
174 Balsthal 1937 (8333)
196/197 Basel vor 1920 (1299)
198 Basel, chemische Industrie 1932 (7565)
198 Basel, Industrie 1932 (7564)
199 Basel, Rheinhafen 1933 (7693)
200 Basel, Kleinbasel 1924 (4147)
201 Basel 1931 (6622)
201 Basel, Barfüsserplatz 1932 (7558)
42 Bauma 1933 (7881)
93 Bazenheid 1928 (5867)
182 Beinwil 1921 (2640)
260 Bellinzona vor 1920 (1312)
144/145 Bern 1929 (5989)
146 Bern, Kaserne 1923 (3091)
147 Bern, Kasernenquartier vor 1920 (2197)
147 Bern, Kirchenfeld vor 1920 (2152)
137 Beromünster 1923 (3607)
169 Bettlach 1925 (4396)
268 Bevers 1925 (4968)
261 Biasca 1930 (6146)
164 Biel, Bözingen 1925 (4403)
164 Biel, Strandbad 1933 (7690)
165 Biel vor 1920 (2232)

209 Binningen 1925 (4366)
64 Bottighofen 1924 (4195)
183 Bremgarten 1922 (2774)
249 Brig 1925 (4862)
252 Brissago 1929 (5980)
65 Bronschhofen 1923 (4014)
190 Brugg vor 1920 (2360)
113 Brunnen vor 1920 (1770)
28 Brütten 1923 (3067)
24/25 Brüttisellen, Wangen 1923 (3621)
99 Buchs SG 1922 (2783)
36 Bülach 1932 (7184)
225 Bulle 1925 (4566)
128 Buochs 1925 (4926)
160 Büren a.A. 1925 (4646)
157 Burgdorf vor 1920 (0700)
170 Büsserach 1925 (4302)
95 Bütschwil 1920 (2553)
258 **C**astagnola vor 1920 (1949)
265 Celerina vor 1920 (1572)
122 Cham vor 1920 (2341)
224 Châtel-St-Denis 1925 (4568)
270/271 Chur 1923 (3842)
219 Colombier vor 1920 (0792)
162 Cortébert 1925 (4661)
218 Couvet vor 1920 (1279)
233 Cully 1925 (4883)
273 **D**avos Platz 1923 (3845)
91 Degersheim 1928 (5869)
210/211 Delsberg vor 1920 (0164)
169 Derendingen 1922 (2767)
70 Diessenhofen vor 1920 (1846)
277 Disentis 1923 (3925)
47 Dorf 1948 (10858)
26 Dübendorf 1935 (8345)
175 Dulliken 1924 (4212)
95 **E**bnat-Kappel vor 1920 (2366)
37 Effretikon 1931 (6744)
114 Einsiedeln 1934 (8042)
108 Elm 1923 (3494)
37 Embrach 1923 (3453)
276 Ems 1925 (4436)
127 Engelberg vor 1920 (0946)
109 Ennenda 1924 (4249)
139 Entlebuch 1922 (2940)
34 Erlenbach vor 1920 (1641)
141 Escholzmatt 1922 (2932)
223 Estavayer-le-Lac vor 1920 (2168)
261 **F**aido 1930 (6142)
28 Fällanden 1923 (3003)
272 Fideris 1923 (3872)
91 Flawil 1921 (2666)
218 Fleurier vor 1920 (1173)
110 Flüelen 1923 (2960)

101 Flums vor 1920 (2294)
62/63 Frauenfeld 1924 (4170)
116 Freienbach vor 1920 (2108)
205 Frenkendorf 1925 (4538)
220/221 Freiburg vor 1920 (2154)
195 Frick 1925 (4372)
171 Fulenbach 1923 (2996)
64 **G**achnang 1923 (4009)
78 Gais 1923 (3641)
255 Gandria vor 1920 (1939)
206/207 Gelterkinden 1923 (3585)
238/239 Genf vor 1920 (2053)
240 Genf 1925 (4591)
240 Genf 1928 (5937)
241 Genf vor 1920 (0732)
242 Genf, Eaux-Vives vor 1920 (2079)
243 Genf-Cointrin 1924 (4096)
118 Gersau vor 1920 (1610)
109 Glarus 1925 (4530)
27 Glattbrugg, Seebach 1925 (4625)
90 Gossau SG 1926 (5427)
228 Grandson vor 1920 (0172)
168 Grenchen vor 1920 (1430)
60 **H**allau 1923 (3531)
29 Hegnau 1921 (2627)
80 Heiden 1922 (2701)
85 Herisau 1920 (2570)
156 Herzogenbuchsee 1925 (4514)
46 Hettlingen 1929 (5948)
158/159 Heuet im Aaretal 1931 (6761)
41 Hinwil 1928 (5862)
136 Hochdorf vor 1920 (2342)
30/31 Horgen vor 1920 (1803)
75 Horn 1921 (2684)
83 Hundwil 1923 (3856)
115 Hurden, Seedamm 1929 (6014)
276 **I**lanz 1923 (3918)
148 Interlaken 1925 (4801)
65 Islikon 1923 (4007)
194 **K**aiserstuhl 1925 (4528)
124 Kerns vor 1920 (1608)
222 Kerzers vor 1920 (2182)
171 Kestenholz 1925 (4669)
32 Kilchberg, Böndlerstrasse vor 1920 (1801)
143 Kirchberg vor 1920 (2205)
273 Klosters 1923 (3864)
27 Kloten 1925 (4275)
195 Koblenz 1925 (4534)
181 Kölliken 1922 (2753)
154 Köniz 1922 (2972)
74 Kreuzlingen vor 1920 (1877)
212/213 **L**a Chaux-de-Fonds 1925 (4658)
117 Lachen vor 1920 (1674)
278 Landquart 1923 (3838)
156 Langenthal vor 1920 (2211)
142 Langnau i.E. 1926 (5541)
224 La Tour-de-Trême 1925 (4483)
161 Laufen 1922 (2862)
192 Laufenburg 1925 (4536)
154 Laupen BE 1925 (4843)
234/235 Lausanne vor 1920 (0723)
205 Lausen 1923 (3582)
216/217 Le Locle 1925 (4655)
180 Lengnau 1925 (4526)
244 Lens 1925 (4868)

279

179 Lenzburg 1922 (2916)	72/73 Romanshorn 1924 (4109)	101 Walenstadt 1933 (7849)
248 Leuk 1925 (4865)	225 Romont 1926 (5131)	26 Wallisellen 1925 (4913)
92 Lichtensteig vor 1920 (1918)	98 Rorschach 1928 (5880)	143 Wasen 1922 (2966)
208 Liestal 1922 (2869)	61 Rüdlingen, Buchberg 1932 (7190)	94 Wattwil vor 1920 (1916)
108 Linthal 1923 (3496)		102 Weesen vor 1920 (2080)
252 Locarno vor 1920 (1314)	124 Sachseln vor 1920 (1620)	133 Weggis vor 1920 (1618)
253 Locarno mit Flugzeug vor 1920 (1320)	269 Samedan 1933 (7831)	67 Weinfelden vor 1920 (0637)
	100 Sargans 1933 (7850)	191 Wettingen vor 1920 (2216)
256/257 Lugano vor 1920 (1983)	125 Sarnen vor 1920 (1609)	38/39 Wetzikon 1930 (6108)
258 Lugano vor 1920 (1942)	57 Schaffhausen vor 1920 (1853)	70 Wigoltingen 1924 (4101)
233 Lutry vor 1920 (2057)	57 Schaffhausen 1929 (5955)	161 Wiedlisbach 1925 (4668)
143 Lützelflüh 1922 (2976)	175 Schönenwerd vor 1920 (2316)	97 Wildhaus vor 1920 (2298)
130/131 Luzern vor 1920 (1756)	141 Schüpfheim 1922 (2934)	137 Willisau 1922 (2822)
132 Luzern, Lido 1931 (6945)	155 Schwarzenburg 1925 (4650)	190 Windisch 1937 (8521)
132 Luzern vor 1920 (1732)	84 Schwellbrunn 1920 (2567)	48/49 Winterthur, Altstadt vor 1920 (0630)
278 Maienfeld 1923 (3834)	112 Schwyz 1920 (2530)	
138 Malters 1922 (2818)	46 Seuzach 1923 (3996)	50 Winterthur, Rosenberg 1923 (4023)
71 Mammern vor 1920 (1838)	116 Siebnen 1924 (4123)	
35 Männedorf vor 1920 (1648)	245 Siders 1925 (4411)	50 Winterthur, Kantonsspital 1923 (4024)
140 Marbach 1925 (5011)	208 Sissach 1923 (3583)	
244 Martigny 1925 (4873)	246/247 Sitten 1925 (4872)	51 Winterthur, Töss 1932 (7321)
35 Meilen vor 1920 (1658)	166/167 Solothurn 1922 (2765)	52 Winterthur, Wülflingen 1923 (3069)
259 Melide vor 1920 (1965)	81 Speicher 1923 (3475)	
248 Montana-Vermala 1926 (5105)	151 Spiez vor 1920 (1605)	53 Winterthur, Seen 1921 (2613)
232 Montreux vor 1920 (0803)	191 Spreitenbach 1923 (3599)	54 Winterthur, Rangierbahnhof Breite 1925 (4605)
254 Morcote 1929 (5976)	219 St-Aubin vor 1920 (0778)	
237 Morges vor 1920 (2054)	228 Ste-Croix 1931 (6664)	54 Winterthur, Veltheim 1923 (3096)
226 Moudon 1925 (4837)	86/87 St. Gallen vor 1920 (0598)	
163 Moutier 1931 (6674)	88 St. Gallen, Bahnhof 1928 (5879)	55 Winterthur, Oberwinterthur 1936 (8342)
107 Mühlehorn vor 1920 (2090)	89 St. Gallen, Engelburg 1923 (3661)	
202 Münchenstein vor 1920 (1414)		182 Wohlen AG 1934 (8164)
102 Murg 1923 (3679)	89 St. Gallen, St. Georgen vor 1920 (0653)	80 Wolfhalden, Heiden 1926 (5396)
185 Muri AG 1923 (3435)		
222 Murten vor 1920 (1168)	162 St-Imier 1925 (4660)	138 Wolhusen 1922 (2820)
204 Muttenz 1925 (4363)	99 St. Margrethen 1924 (4135)	155 Worb 1924 (4286)
214 Neuenburg vor 1920 (0148)	266/267 St. Moritz vor 1920 (1510)	227 Yverdon 1931 (6650)
215 Neuenburg 1925 (4841)	230/231 St-Saphorin 1925 (4571)	268 Zernez 1925 (4971)
56 Neuhausen vor 1920 (1858)	129 Stans 1923 (3924)	107 Ziegelbrücke vor 1920 (2110)
170 Nieder-Erlinsbach 1925 (4543)	129 Stansstad vor 1920 (1613)	186 Zofingen vor 1920 (0506)
106 Niederurnen 1924 (4253)	71 Steckborn vor 1920 (1836)	34 Zollikon vor 1920 (1637)
152/153 Niesen-Kulm vor 1920 (1197)	150 Steffisburg 1922 (2895)	120/121 Zug vor 1920 (1739)
236 Nyon vor 1920 (0800)	61 Stein am Rhein vor 1920 (1844)	12/13 Zürich 1931 (6741)
123 Oberägeri 1923 (3406)	181 Suhr 1922 (2750)	14 Zürich, Landidörfli 1939 (8412)
150 Oberdiessbach 1925 (4432)	135 Sursee vor 1920 (0520)	14 Zürich, Alpenquai 1929 (5944)
262/263 Oberengadin 1933 (7847)	81 Teufen 1923 (3477)	15 Zürich-Enge 1922 (3388)
174 Oensingen 1924 (4062)	33 Thalwil 1931 (6542)	15 Zürich, Limmathäuser 1932 (7326)
172/173 Olten vor 1920 (0445)	149 Thun vor 1920 (1184)	
229 Orbe vor 1920 (0790)	163 Tramelan 1931 (6680)	16/17 Zürich, Bellevue 1937 (8449)
236 Ouchy vor 1920 (2052)	60 Trasadingen vor 1920 (0938)	18 Zürich, Krematorium 1925 (4606)
227 Payerne vor 1920 (2167)	78 Trogen 1923 (3460)	
41 Pfäffikon ZH 1920 (2545)	43 Turbenthal 1921 (2620)	18 Zürich, Fabriken im Hard vor 1920 (2223)
68/69 Pfyn 1928 (5729)	194 Turgi 1924 (4251)	
126 Pilatus-Kulm 1925 (4678)	85 Urnäsch 1922 (2799)	19 Zürich, Schaffhauserplatz 1931 (6867)
259 Ponte Tresa vor 1920 (1955)	40 Uster 1933 (7853)	
264 Pontresina vor 1920 (1567)	90 Uzwil 1920 (2583)	19 Zürich, Hochschulquartier 1937 (8396)
269 Poschiavo 1925 (5087)	229 Vallorbe 1931 (6673)	
203 Pratteln vor 1920 (2243)	180 Veltheim AG 1923 (3610)	20 Zürich, Fokker über Höngg 1931 (6724)
104/105 Rapperswil 1923 (3391)	242 Versoix 1925 (4584)	
82 Rehetobel 1923 (3471)	232 Vevey, La Tour-de-Peilz 1925 (4880)	20 Zürich, Escher-Wyss vor 1920 (1588)
136 Reussbühl, Emmenbrücke 1924 (4145)		
	223 Villeneuve 1925 (4878)	21 Zürich-Wipkingen 1920 (2537)
44/45 Rheinau 1929 (5960)	249 Visp 1925 (4864)	22 Zürich, Zoo 1930 (6385)
58/59 Rheinfall, Neuhausen vor 1920 (1860)	133 Vitznau vor 1920 (1622)	22 Zürich-Schwamendingen vor 1920 (0974)
	33 Wädenswil 1931 (6541)	
119 Rigi-Kulm vor 1920 (1726)	42 Wald ZH vor 1920 (2365)	23 Zürich-Oerlikon vor 1920 (0552)
287 Rolle 1931 (6658)	84 Waldstatt 1923 (3589)	193 Zurzach 1925 (4535)